CHEVAUX
LIVRE DE COLORIAGE

POUR ADULTE

Merci d'avoir choisi un de nos livres

—

Laissez **Cheval dans la Nature** porter votre créativité à un nouveau niveau pendant que vous vous détendez
et représentent de façon impressionnante ces majestueuses créatures.
Chaque image réaliste et unique capture la beauté et la puissance de ces animaux bien-aimés.
Celle-ci est basée sur différents dessins d'arrière-plan réalistes.

Nous espérons que vous apprécierez ce voyage inoubliable.
avec ce livre.
Nous attendons avec impatience vos commentaires pour nous aider
nous améliorons et apportons de plus belles illustrations à
nos publics, et aider les acheteurs potentiels à faire
décisions confiantes.

Copyright © 2022 Par YUMI DESIGN

Tous les droits sont réservés

Ce livre ou une partie de celui-ci
ne peut être reproduit ou utilisé de quelque manière que ce soit
sans l'autorisation écrite expresse de l'éditeur
sauf pour l'utilisation de brèves citations dans une critique de livre

COMMENT COLORER CE LIVRE
TECHNIQUE DE COLORATION

1

Choisissez les outils avec lesquels vous voulez colorier. Bien que la coloration se fasse traditionnellement avec des crayons, utilisez tous les outils avec lesquels vous vous sentez à l'aise.
Vous pouvez essayer d'utiliser des marqueurs permanents à pointe fine, des crayons gel, des crayons et différents types de crayons comme l'aquarelle.
Quel que soit le type d'outil que vous choisissez, recherchez un ensemble qui a une grande variété de couleurs différentes afin que vous puissiez expérimenter différents techniques telles que l'ombrage.
Si vous utilisez des crayons de couleur, taillez-les bien avant de commencer.
Si vous utilisez des marqueurs permanents, envisagez de tester d'abord s'ils traverseront la page. Choisissez une zone peu visible pour tester et placez un morceau de papier supplémentaire en dessous pour protéger les autres pages si nécessaire.

2

Utilisez des couches claires et accumulez progressivement les couches pour assombrir la couleur. Surtout lorsque vous utilisez des crayons de couleur, il est très important de progressivement assombrir la couleur en utilisant plusieurs couches.
Commencez par une légère pression pour créer des couches légères et avec chaque couche supplémentaire, appuyez légèrement plus jusqu'à ce que la couleur atteigne le ton souhaité.
S'assurer que vous n'appuyez pas trop fort avec les crayons de couleur les empêchera également de se casser.
Si vous voulez vous assurer que vous obtenez les bonnes couleurs, procurez-vous un morceau de papier et essayez de dessiner des échantillons avec le même crayon de couleur en utilisant différentes quantités de pression.
Vous pouvez utiliser les échantillons comme point de référence pour décider de la pression que vous souhaitez utiliser lors de la coloration.

3

Coloriez dans le même sens et de l'extérieur vers l'intérieur pour le garder propre. Commencez par l'extérieur d'une section et progressez vers le centre au fur et à mesure que vous coloriez.
Essayez de colorer dans la même direction à tout moment si possible, afin que les traits soient nets et bien rangés.
Cette technique vous aidera à éviter de colorer accidentellement en dehors des lignes.

4

Expérimentez différentes techniques pour devenir plus créatif lorsque vous colorez. Essayez l'ombrage en utilisant une combinaison de tons clairs et foncés pour montrer où les aspects de vos dessins qui sont mis en valeur.
Vous pouvez également essayer des hachures croisées en ajoutant des lignes qui se croisent pour créer une dimension.
Alternativement, une technique facile à essayer consiste à frotter au crayon. Retirez simplement le papier du crayon, posez-le sur le côté et frottez-le doucement sur le papier.
Cela crée une ombre douce sur le papier. Vous pouvez également essayer de mettre des formes en papier ou en carton sous la page à colorier et utiliser le crayon méthode des frottements pour créer de nouvelles formes sur votre image.

5

Prenez votre temps pour profiter de la coloration. Utilisez votre temps à colorier pour profiter de l'instant présent et vous concentrer sur la tâche à accomplir.
Essayez de ne pas vous soucier de faire des erreurs ou si les couleurs ne sont pas correctes. N'oubliez pas que le but du coloriage est de profiter de la créativité.
Vous pouvez toujours commencer sur une nouvelle image ou page si vous en avez besoin
La couleur que vous jugez la meilleure. Vous pouvez expérimenter différents modèles, couleurs et motifs, ou rester simple en fonction de ce qui vous convient.

TABLEAU DE TEST DES COULEURS

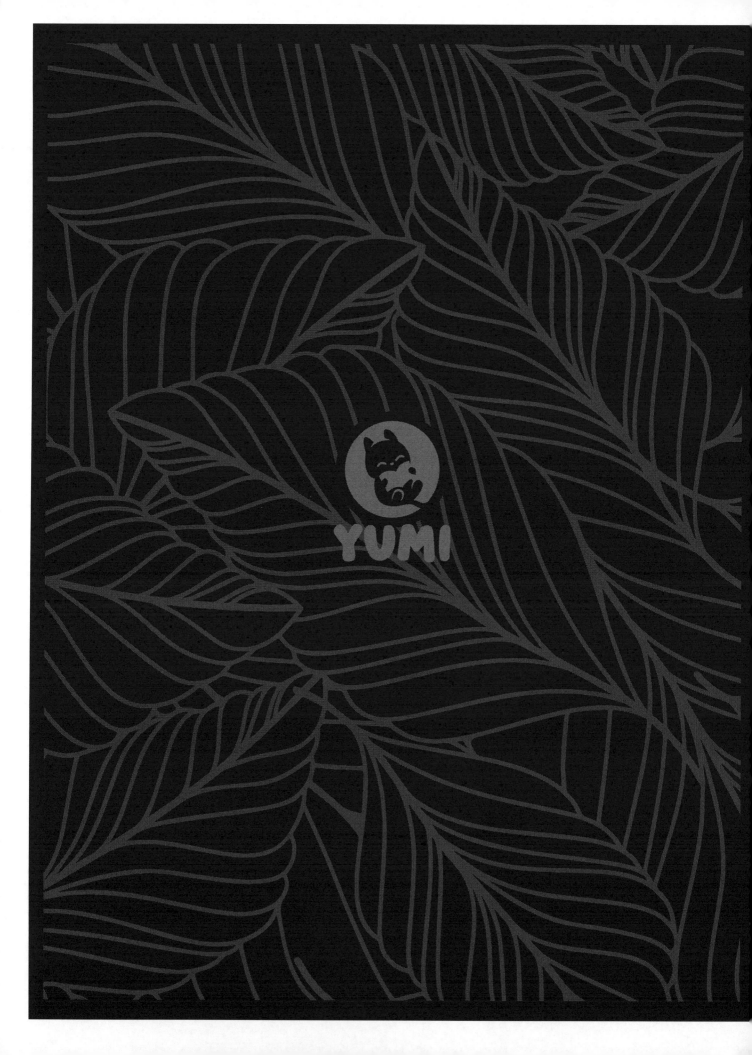

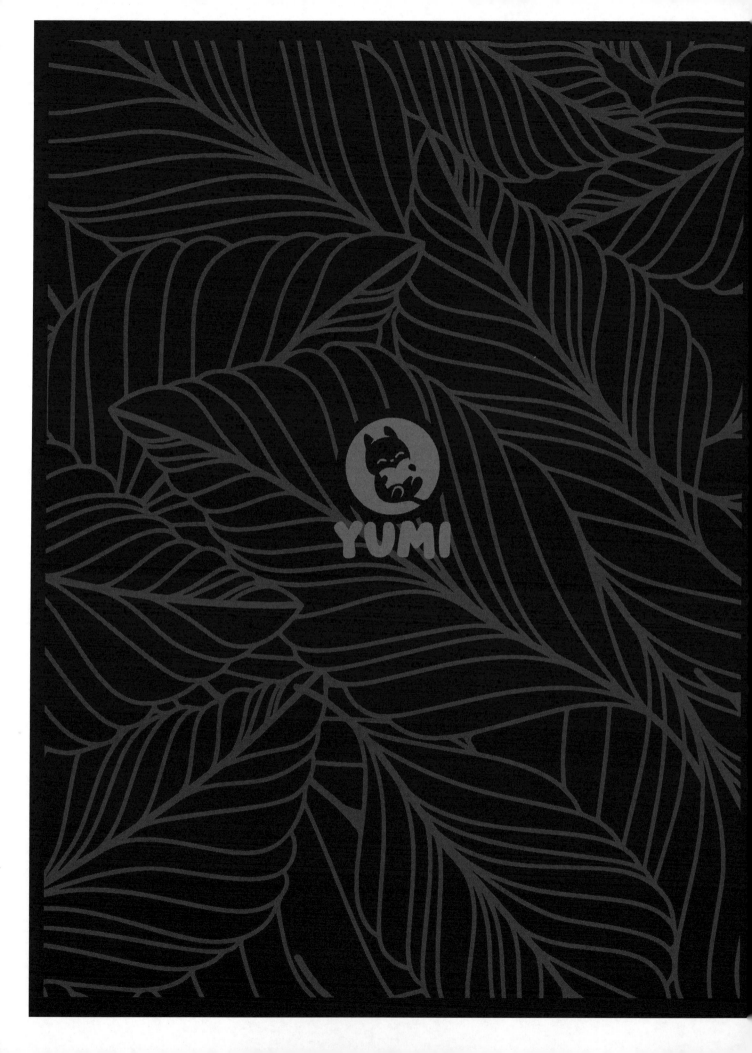

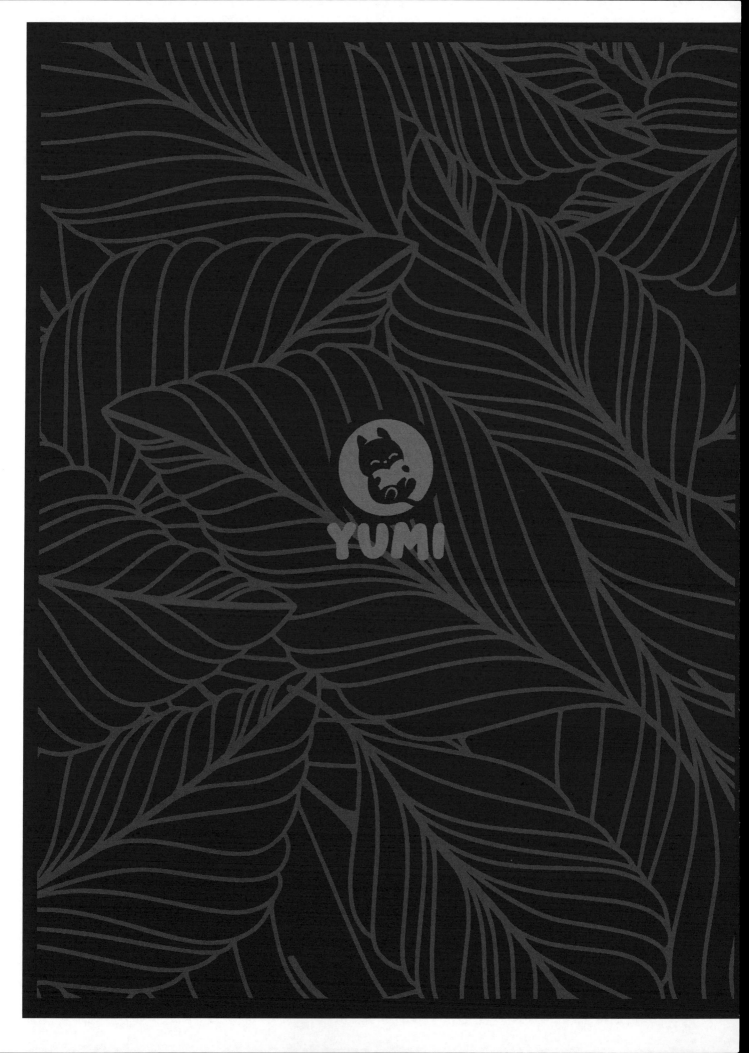

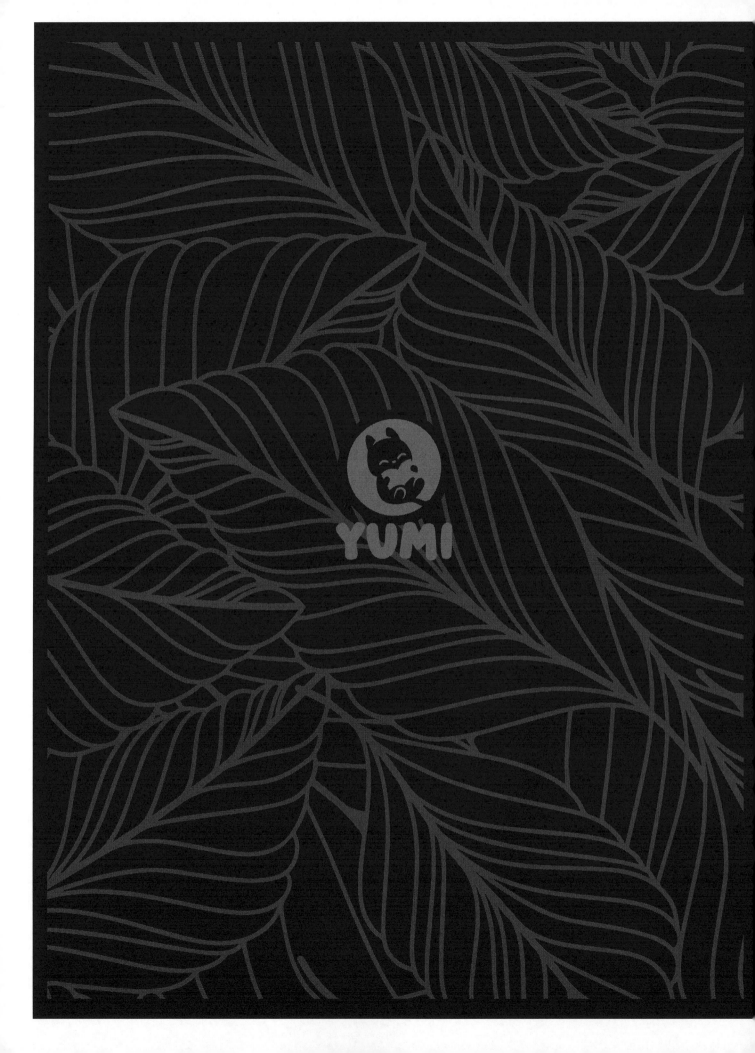

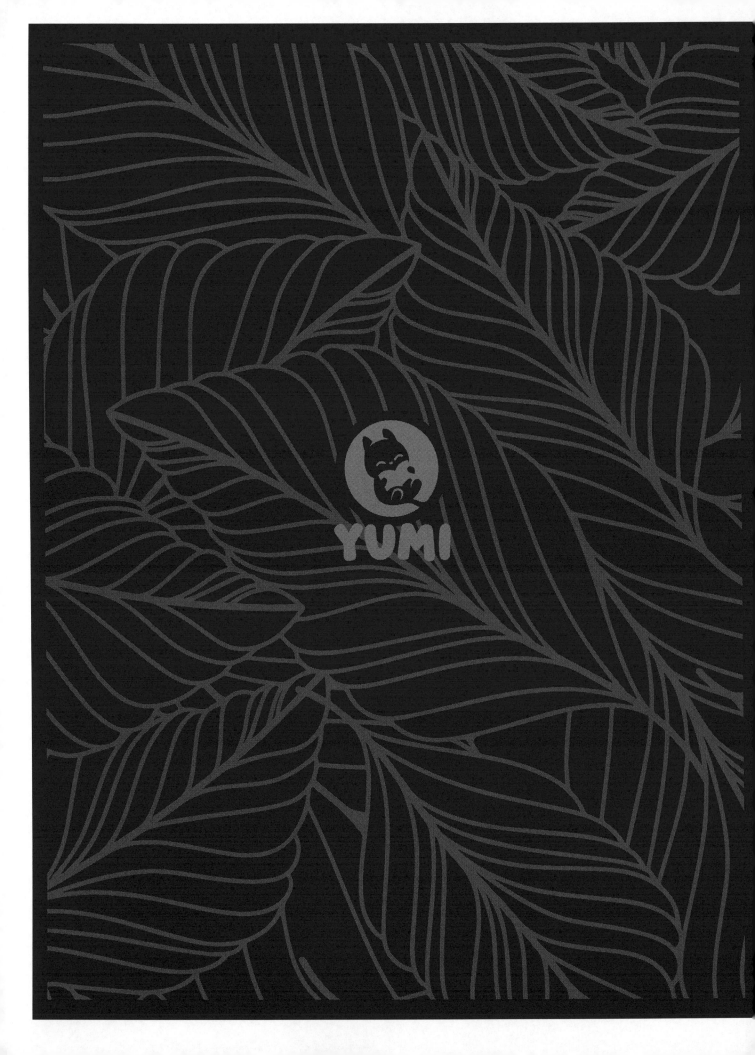

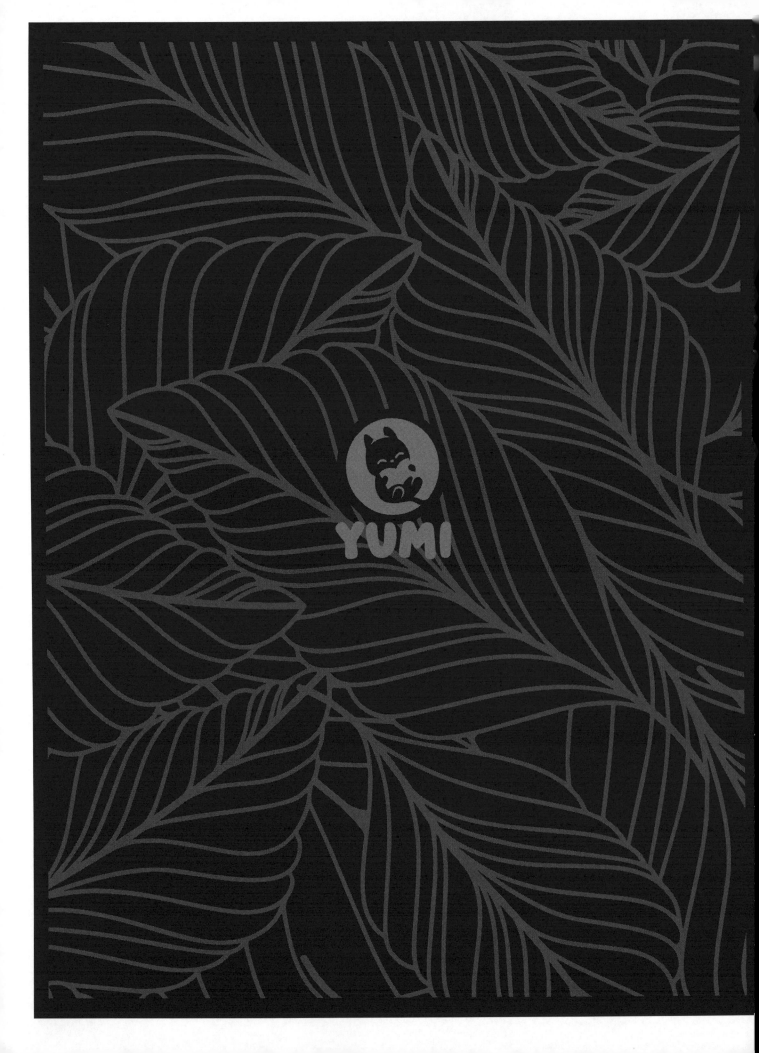

Thank you for choosing one of our books

We hope you get an unforgettable coloring journey with this book.
We look forward to receiving your feedback to help us improve and bring more beautiful illustrations to our audiences, and help potential buyers make confident decisions.

By YUMI DESIGN 2022 © Copyright

All rights reserved

This book or any portion thereof
may not be reproduced or used in any manner whatsoever
without the express written permission of the publisher
except for the use of brief quotations in a book review

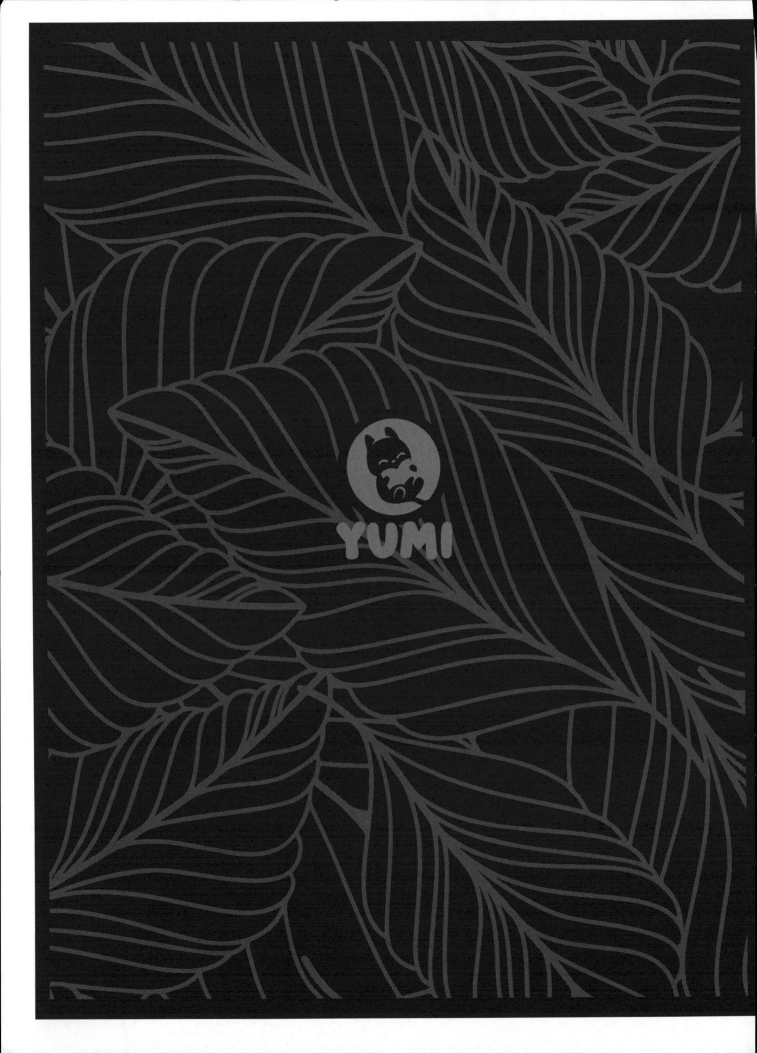

Printed in France by Amazon
Brétigny-sur-Orge, FR